AF344043

ANALYSE

D' UNE BROCHURE,

QUI PORTE LE TITRE

D'OBSERVATIONS

SUR

LES DECLARATIONS

DES COURS

DE VIENNE, DE PETERSBOURG

ET DE BERLIN

AU SUJET

DU DE'MEMBREMENT

DE LA POLOGNE.

1773.

ANALYSE
DES OBSERVATIONS
SUR LES DECLARATIONS &c.

Il vient de paroitre dans le public une nouvelle brochure, qui porte le titre: *Observations sur les declarations des Cours de Vienne, de Petersbourg & de Berlin, au sujet du démembrement de la Pologne.* L'on en a donné même une seconde edition augmentée de notes historiques & politiques, imprimée, à ce qu'on pretend, à Londres dans le courant de cette année. L'une & l'autre de ces productions se caracterise superieurement par cette hardiesse, avec la quelle plusieurs Ecrivains de nos jours affectent d'insulter à toute autorité humaine, en interpretant d'une manière sinistre les actions & les démarches des Souverains les plus respectables de l'Univers. L'on se permet sans reserve de forger & de supposer des motifs, qui apparemment n'ont

A 2

jamais

jamais exiſté, que dans l'Imagination de ces mêmes
auteurs. On prete des deſſeins formés à des évènements, que de l'aveu de toute l'Europe le ſeul hazard a dû faire naitre. On oſe cenſurer les meſures
priſes par les auguſtes Chefs des plus grandes Nations, avec une licence, qui ne reſteroit pas impu-
nie dans tout Etat policé vis à vis d'un ſimple particulier. L'on examine & decide avec une teme-
rité ſans exemple des droits des Monarques avec
moins de formalité, qu'on oſeroit prononcer ſur
les interêts du plus ſimple individu.

Une pareille hardieſſe étonne le Public. Le
vulgaire dévore avec avidité des raiſonnements, qui
le frappent par leur air de nouveauté. Il eſt vrai,
que le nom des Auguſtes Souverains, dont l'auteur
obſcur de la dite brochure s'attache à ternir la gloire, eſt trop élevé, pour que des declamations frivoles y puiſſent porter atteinte. Un juſte mépris de
la part de ces grandes Cours dédaigne d'y faire attention & abandonne l'auteur temeraire de cette
brochure à ſon obſcurité, dans la quelle il ne pourra s'envelopper, qu'auſſi long temps que leur in-
dulgence le voudra permettre. Cependant j'ai cru,
qu'il importe aux interêts de la Verité, d'expoſer
dans leur vrai jour des faits, qui reveillent actuellement la Curioſité d'un chacun, afin de prévenir,

que

que cette partie du public, qui au défaut d'être suf-
fisament instruite sur de matières politiques, est
d'autant plus susceptible de fausses impressions, ne
se laisse pas eblouir par les insinuations artificieuses
d'un declamateur hardi. C'est là l'unique motif,
qui m'engage de faire l'analyse de la dite brochure,
de la suivre de point en point & de faire voir, que
tous ces raisonnements recherchés ne présentent
qu'un tissu couvert d'un vernis assés apparent, mais
qui manque de fonds & de solidité.

Le but principal de l'Auteur de cette brochure
semble avoir été d'émouvoir & d'interesser la Compassion de tous les peuples de l'Europe en faveur
d'une nation dont il réprésente le triste état & le
démembrement actuel, qui en est resulté, avec
toute l'énergie d'un stile seduisant. Il se garde
pourtant bien, d'en developper les vraies causes.
S'efforçant de les imputer aux desseins de la Cour
de Russie, il déguise avec l'artifice le plus marqué la
conduite furieuse de ces boutefeux, qui ont causé
l'incendie, dont leur Patrie se trouve devastée. Je
n'ignore pas, qu'il y a parmi ceux, qui par leur
naissance & leur état étoient obligés de prendre
part à la forme anarchique de leur Pays, des personnes respectables & dignes de la plus haute estime,
qui n'ont jamais approuvé dans leur cœur une for-

A 3

me

me de gouvernement, dont il leur fut aisé de prevoir depuis long temps la destruction prochaine & inévitable. Entrainés par le torrent des desordres généraux, ces sages Patriotes gemirent en secret sur des maux, aux quels il leur étoit impossible de trouver des remèdes. Il ne m'est pas moins connu, qu'il y a un très grand nombre d'innocentes victimes, parmi les peuples de cette malheureuse contrée, qui souffre des suites de ces desordres, sans avoir eu la moindre part à leurs causes. Ces personnes là meritent sans doute la Compassion de tous les honettes gens, mais ce n'est surement pas en leur faveur, que l'auteur de la brochure la reclame. Ce n'est qu'en faveur de ses chers Confederés, de ses Héros prétendus, qu'il veut employer les armes de son éloquence seduisante, qu'il declame contre toute innovation dans la forme du gouvernement & contre le démembrement actuel, quoiqu'il paroit assez éclairé, pour être convaincu, que ces mêmes maux & desordres, dont il se plaint, ne pouvoient cesser qu'avec l'anarchie, qui en étoit la source. Examinons avec quelque attention serieuse, quels sont les personnages, pour lesquels on veut interesser les voeux & les sentiments d'humanité du public, & à quel titre ils ont droit d'y prétendre.

Qu'on

Qu'on se réprésente un pays d'une assez gran-
de étendue, fertile & favorisé de tous les dons de la
nature, habité par plusieurs millions d'individus
malheureux, qui gemissent sous l'esclavage le plus
rude, au point, que confondus avec leurs be-
stiaux, ils n'ont pas même la proprieté du pain,
qui les nourrit. Ces esclaves, dont la condition est
pire, que celle des negres qui travaillent dans les
mines du Perou, sont le jouet des caprices d'un maî-
tre impitoyable, qui les échange contre un chien
ou telle autre béte, qu'il pourra lui plaire. Leurs
travaux & leurs sueurs sont abandonnés au fouet
de quelques Juifs, endurcis aux cruautés par l'ha-
bitude, tandis que les barbares proprietaires de ces
malheureux forcats font parade d'un zèle outré pour
une religion, qúi ne peut s'empécher à condamner
des actions qui outragent l'humanité. Plusieurs
milliers de prétendus nobles se font gloire, d'être
les geoliers & les bourreaux de cette malheureuse multitude, dont l'hazard ou la violence devenue
légitime par une possession d'ancienne date, les
à rendu les maîtres. Les maîtres aussi foibles, que
fiers de la triste prérogative, de pouvoir rendre
quelques pauvres individus plus miserables encore
qu'ils ne le sont pas eux-mêmes, ont pourtant l'in-
solence de se comparer aux plus illustes de leur Nation, & tandis qu'ils ne sont en effet, que les vils
escla-

efclaves & les inftruments de tout intriguant qui veut s'en fervir, ils s'imaginent d'être leurs égaux & leurs frères, noms qu'on leur prodigue dans toutes les occafions, où l'on a befoin de leurs voix, quoiqu'on leur fait fentir hors de ces cas-là, tous les dégoûts de la plus vile valetaille. Semblables aux miliciens prétoriens, aux quels, du temps de la décadence de l'Empire Romain, leurs Chefs acorderent une licence fans borne, pendant tout le temps, qu'ils en avoit befoin pour foutenir leurs feditions, ils s'imaginent, d'être non feulement les feuls libres de l'Europe, mais encore les vrais répréfentants & maîtres de la Republique. S'ils n'ont pas pu encore fe difpenfer, de donner un Chef à la Nation, il font pourtant parvenus à le depouiller de toute autorité légitime, en le privant de tout pouvoir, qui pût le mettre en état de fonger au bien-être de fon Royaume, quelque bien intentioné qu'il puiffe être. Les loix & les tribunaux n'en garderent qu'autant qu'il en fallut pour fervir à l'avidité & aux vuës de quelques grands, qui avoient affez de crédit & de mauvaife volonté, pour les diriger en conformité de leurs interéts. Au profit de qui tournerent donc tous ces refforts d'une machine auffi compliquée que defectueufe, fi ce n'eft aux avantages apparents & momentanés d'un petit nombre

de

de tyrans, qui fous le titre ufurpé de gardiens
de la liberté de la Republique exercerent le def-
potifme le plus cruel? Tandis qu'une partie de
ces petits Tyrans affiche dans leur patrie les airs de
petits Souverains, en ne fongeant qu'aux moyens
d'affermir & d'étendre leur pouvoir ufurpé, une
autre partie promène fes folies par toute l'Europe, en facrifiant les fueurs & les travaux de plufieurs milliers de pauvres efclaves à un fafte ri-
dicule & à des extravagances de toute efpéce.
Tout le monde reconnoitra dans la defcription,
qu'on vient de lui expofer, l'éfquiffe fidéle de
l'état actuel de la Pologne & les vrais auteurs des
defordres, qui la defolent. Ces prétendus defen-
feurs de leur patrie & qui en effet n'en font que
les Oppreffeurs meritent-ils la reconnoiffance de
leurs concitoyens, à la quelle l'auteur de la Brochure les fait afpirer, & font-ils dignes de la
compaffion, qu'il reclame en leur faveur. C'eft
à un Public éclairé & impartial d'en décider.

Aprés ce préambule, que j'ai jugé neceffaire pour donner une idée jufte de l'état actuel
du pays en queftion, venons à l'analyfe de la
Brochure. L'auteur commence fa demonftration
par la queue, en fe recriant dans les prémieres
lignes de fon écrit contre l'injuftice des trois

B

Cours

Cours alliées. Il prétend de juftifier une impu-
tation fi atroce par le prétendu examen des motifs, qui ont fait agir ces Puiffances, des principes d'où elles partent, & des confequences, qui
en refultent.

En accufant deux de ces Auguftes Cours, de
n'avoir pas motivé leurs declarations, par le défaut d'avoir de bonnes raifons à produire, il ne
craint pas d'imputer à la troifième, qu' elle n'a
donné dans la fienne, que des raifons illufoires.
C'eft declamer avec hardieffe, je l'avoue, mais
ce ne font ni des preuves ni des bonnes raifons,
qu'on donne. Quelque difficile qu'il foit, à ce
qu'il prétend, de pénétrer les motifs des demarches de ces trois Puiffances, il femble pourtant
s'en douter en tachant à difculper par la tournure
la plus artificieufe les Chefs de la Confédération
de Bar & des autres, qui en font réfultées, du
foupçon d'avoir excité la Guerre civile & ufurpé
l'autorité, pour en abufer au mépris des Loix,
en implorant le fecours de la Porte Ottomanne,
demarche qui a attiré à la Ruffie cette guerre fan-
glante, qui continue jufqu' à l'heure qu'il eft.
C'eft à l'occafion de cette Apologie recherchée
des Confédérés qu'il fe repand le plus en invecti-
ves, contre la conduite de la Cour de Ruffie.

II

Il souffre avec impatience les justes éloges, que les Cours de Vienne & de Berlin ont donné à celle de Petersborg, par rapport aux soins, qu'Elle a pris de prévenir les troubles, que les Interregnes & les Elections des Rois produisent en Pologne. Toute l'Europe sçait, dit-il, que l'Imperatrice de Russie s'est rendue la Maitresse absolüe en Pologne &c.; mais tout le monde, tant soit peu instruit, n'ignore pas non plus, qu'elle y fut appellée par les instances d'une Assemblée de la Nation formée en corps en conformité des Loix du Pays: qu'elle fut autorisée & obligée même par les Traités subsistans entre les deux Puissances, d'y porter ces secours, qu'on lui demanda: que cette assistance, qu'on se trouva dans le besoin de solliciter, ne pouvoit se donner que par le moyen de quelques trouppes, qu'on y envoya; & si ce petit nombre de trouppes, qui y fut employé, suffisoit, pour la rendre Maitresse absolüe en Pologne, comme on veut bien le supposer, n'est ce pas à leurs dissensions domestiques & à l'Anarchie de leur Gouvernement qu'il faudra l'attribuer plus tôt, qu'à quelque dessein formé de les opprimer? S'il est vrai, comme l'auteur de la Brochure le prétend, que la Russie a eü l'influence la plus forte dans l'Election du Roy, est-il moins vrai, que dépuis plus d'un siecle les Puissan-

   ces

ces étrangeres, même les plus éloignées, se sont
crû en droit, d'y prendre part, & de soutenir
les Candidats, qu'ils recommandoient à la Republique? Les Puissances voisines & principalement
celle, dont la Nation rechercha l'assistance, avoit
elle moins de droit de s'en meler? La corrup-
tion étoit-elle un moyen plus digne des sentiments des vrais Citoyens d'un Etat, qui fait son-
ner si haut le titre de sa prétendüe liberté, que le
choix de quelques autres expedients plus efficaces, mais moins conformes aux vûes interessées
d'une partie de ses membres, & n'est ce pas peut
être ce choix des moyens qui leur a deplû préféra-
blement à tout le reste? Aussi l'auteur des Remarques avoüe lui-même, que jusques là, c'est
à dire, jusqu'à l'Election du Roy, la droiture gui-
da les demarches de l'Imperatrice de Russie. Il
n'est pourtant pas content des moyens, dont on
s'est servi, & qu'il taxe comme les plus propres,
à mettre le feu aux quatre coins du Royaume;
mais de quels autres moyens falut-il donc se servir? Devoit-on se contenter d'employer de per-
suasions vis à vis des gens, qui attachent le vra;
sens de la liberté au privilège de ne suivre que
leur caprice, de ne respecter ni foy ni loy, qu'en
autant, qu'elles sont de convenance a leurs inte-

réts

rêts perſonels, & qui, ſourds aux avis de la ſaine raiſon, ne cedent qu' à la force.

On continúe d'accuſer la Ruſſie, d'avoir dicté à main armée les Loix, qu' elle a voulú, au Royaume & d'en avoir changé le Gouvernement interieur. Mais n'eſt-il pas connú à tout l'Univers, que les membres de la Republique aſſemblés en Corps de la Nation dans la dernière Diéte jugerent le Réſultat de leurs déliberations être le ſeul moyen capable de ramener la ſureté, la paix & le bon ordre en Pologne? Le petit nombre de trouppes de Ruſſie, qui s'y trouva de ce temps-là, & qui y étoit appellé par un Corps autoriſé par la Republique, pour mettre lès Citoyens bien intentionés pour le ſalut de leur Patrie à l'abri du tumulte & de la fureur des factieux, étoit-il capable d'intimider toute la Nation au point d'agir contre ſon gré & contre ſes propres interéts? Si dans ce temps-là même, l'obſtination & la conduite inconſiderée de quelques membres diſtingués de la Republique donna lieu à des ſcenes, qui pouvoient paroitre violentes à un Public mal-inſtruit, n'en jugera-il pas tout autrement, s'il conſidère, qu'il n'y a aucun caractère, quelque ſacré qu'il puiſſe être, pas même celui d'Ambaſſadeur, qui puiſſe mettre à l'abri

B 3

d'un

d'un juste ressentiment les personnes, qui s'oublient au point de perdre le respect dû aux têtes couronnées, ni justifier la conduite d'un boutefeu, qui oppose son seul caprice aux mesures agréées par la plus saine partie de sa Nation.

Mais, dit-on, que diroit l'Imperatrice-Reine & le Roy de Prusse, si quelque Puissance étrangére s'immisçoit dans l'Administration de leurs Provinces; pourquoi seroit-il permis en Pologne, ce qui est defendú chez eux? On y repondroit, ajoute-on dans les Remarques, qu'ils ne trouveroient ni mauvais, ni extraordinaire, qu'un étranger s'immisçát dans le Gouvernement interieur de leurs Etats, s'ils avoient appellé ce quelqu'un, & qu'ils eussent imploré son secours pour rétablir le bon ordre, qu'ils sont dans l'impossibilité de maintenir eux-mêmes; & c'est la position de la Russie vis à vis de la Pologne. Cette reponse paroit satisfaisante à un point, qu'il n'y reste rien à ajouter, & elle paroitra telle à tout homme, qui veut faire usage de son bon sens. Si l'auteur des Remarques ne la reconnoit pour telle, & s'il passe subitement au demembrement actuel, sans faire mention des dissensions & des desordres qui ont précedé cette époque & lesquels après avoir aneanti tout le fruit qu'on attendit des Resultats de la derniè-

dernière Diéte pour la pacification du Royaume, n'ont fait que rendre l'incendie plus générale & ont forcé à la fin les Puiſſances voiſines de s'y immiſcer: n'eſt-il pas évident, qu'il s'efforce par une tournúre artificieuſe, de decharger les vrais auteurs de toutes ces miſeres de leur patrie, de la honte & de l'horreur qu'ils en doivent attendre. Ce deſſein-là ſe manifeſte encore plus ouvertement par le ſoin, qu'il prend, de juſtifier la conduite de ces factieux obſtinés, qui ſe ſont diſtingués par le nom de Confédérés; ſelon lui ce ſont autant de Héros qui, en ſacrifiant leur fortune & leur vie à la patrie, attendent des ſiècles futurs la gloire dúe aux illuſtres défenſeurs de la liberté. Mais quel ſens attachent-ils au mot de patrie excepté l'interét d'un petit nombre de Tyrans, qui s'opiniatre à ſoutenir ſes prétendús droits & les abús d'une autorité uſurpée au dépens & à la ruine de toute la nation? Seroient ils aſſez depourvús de bon ſens, pour ne pas s'appercevoir de la différence réelle, qu'il y a entre la liberté & l'anarchie, & pourroient-ils ſe déguiſer à ſoi-mème, qu'aucune ombre de liberté ne peut ſubſiſter à la longue dans un état, qui par la forme monſtreuſe de ſon gouvernement eſt ſans la moindre défenſe eſt prêt à tomber ſous les coups du prémier aſſaillant? Ces faits & ces verités ſont trop évidentes pour qu'ils pouvoient

les

les ignorer; & s'ils les réconnúrent, que doit-on penser de la droiture de leur zèle & de leur prétendú héroïfme? Si ces fameux Barons d'Angleterre, qui dans les fiècles reculés foulèrent fous leurs pieds, & les prérogatives des Rois & les droits du peuple, avoient reuffi à fe foutenir contre cette force bienfaifante, qui parvint à mettre de juftes bornes à leur autorité ufurpée dans les différentes revolutions de l'Etat: l'Angleterre feroit-elle jamais parvenüe à cette conftitution heureufe, qui diftingue fes peuples fi favorablement des autres Nations de l'Europe? & ces mêmes Barons, s'ils avoient pû perpetuer leur pouvoir exorbitant & tyrannique, oferoit-on foutenir, fans choquer les prémières idées de l'intelligence humaine, qu'ils auroient merité de la pofterité le nom glorieux de défenfeurs de la liberté de leur patrie? La verité arrache à l'auteur des Remarques l'aveu humiliant, qu'il y a eú de pelotons de Confédérés emanés de la Confédération générale de Bar, qui fous prétexte d'une légitime défenfe fe font permis toute forte d'excès & de cruautés, & en abandonnant ces fcelerats à toute la rigueur d'un fort qu'ils ne méritoient que trop, il prétend qu'on auroit dú les diftinguer de ces Héros, qu'il honore du nom de défenfeurs de leur patrie. Mais quelle poffibilité refta-t-il aux trouppes ruffes de diftinguer les uns

des

des autres, lorsqu'ils les rencontrerent ſi ſouvent
mêlés & confondus enſemble? Avec quelle impudence l'auteur de la Brochure oſe-t-il avancer
dans la ſuite les plaintes, qu'il fait ſur les violences & les excès que ces trouppes doivent avoir
commis dans la Pologne? Tous ceux qui ont été
à portée de s'inſtruire à fonds de ce qui s'eſt paſſé
& des Polonois même, qui en ont été les témoins
oculaires, avouent, que juſqu'au temps, où ces
differents pelotons de Conféderés ont commencé
à commettre des excès & de cruautés ſans nombre, les trouppes ruſſes ont obſervé la plus ex-
acte diſcipline. De tout temps ces trouppes par
ordre de leur Souveraine ont payé comptant ce
qu'il fallut pour leur ſubſiſtance. Les Polonois mêmes ſe louent de pluſieurs Généraux de ces trouppes & nommement du Général Nicolas Solticoff,
qui s'eſt diſtingué par le desintereſſement le plus
parfait & par l'ordre le plus exact qu'il fit obſer-
ver à ſon corps pendant tout le temps qu'il le com-
manda. Si dans la ſuite il y en a eu quelqu'uns
qui ont abuſé de leur pouvoir, ils en ont été punis
auſſitôt que la connoiſſance en parvint à la Cour.
Il n'eſt pas étonnant non plus, ſi les cruautés com-
miſes par les pelotons des Conféderés diſperſés dans
toute la Pologne, de l'aveu même des défenſeurs
de cette cauſe, ont donné occaſion à des pareils

C

excès

excès parmi les trouppes, qui aigries & irritées par
des exemples de cette nature, se permirent de
temps en temps de repressailles malgré les defenses
les plus severes de leurs Commandeurs.

Que le public juge apres ce qu'on vient de
lui exposer & qui n'offre que des faits avoüés,
s'il y a ombre de justice & de vraisemblance d'imputer les calamités, qui ont ravagé la Pologne, aux
intrigues de la Russie & aux violences de ses trouppes. Si la Russie avoit eu d'autres desseins que
ceux que la bienfaisance de sa Souveraine annonça
dans ses prémières declarations, par rapport à la
pacification des troubles de ce malheureux pays,
qui l'auroit empéché de l'inonder tout de suite de
ses armées nombreuses & toüjours victorieuses de
l'aveu méme de ses ennemis? Quel besoin avoit-
elle d'employer une partie de ses forces à protéger
cette saine partie de la Republique qui songeat à
mettre fin par les résultats d'une Diéte aux dissensions domestiques? Si dans la suite du temps de
noüveaux troubles plus généraux & plus forts que
les précédents anéantirent les effets de la dite
Diéte & rendirent infructueux les soins de la bienfaisance de l'Imperatrice de Russie & les tentatives, qu'elle avoit fait de faire cesser radicalement
tous les maux de la Republique; si la fureur des
préten-

prétendus défenseurs de la liberté de leur patrie,
sous le nom des membres de la confédération de Bar,
les aveugla jusqu'au point d'exposer leur malheureuse patrie aux évènements incertains de l'hazard,
en implorant le secours de la Porte Ottomanne &
en engageant cette Puissance dans la guerre contre
la Russie, qui dure jusqu'au temps d'aprésent: Il
est naturel que les choses changerent de face, &
que la moderation de l'Imperatrice de Russie se
trouvant poussée à bout, cette Cours - là jugeat
à propos d'adopter des principes differents de
ceux qui l'avoient fait agir jusqu'à cette époque-
là, en concertant avec les autres Puissances voisines des moyens plus efficaces pour terminer à
la fin les desordres & les dissensions d'une Nation, qui sembloit avoir oublié le soin de sa propre conservation & sacrifié le tout à un certain
esprit de vertige dont les suites dans d'autres temps
pourroient devenir funestes aux états voisins.

Qu'on decide après cette exposition fidéle
de la progression successive des évènements, si
l'auteur de la Brochure peut de bonne foi se croire
en droit, de reclamer les declarations faites par
l'Imperatrice de Russie au commencement de ces
troubles dans une époque de temps bien differente
de celle d'aprésent, & lorsqu'elle eut encore tout

C 2

lieu

lieu d'esperer de les calmer. En vain s'attache-
t-on à reclamer la foy des traités conclus cidévant
entre les Puissances alliées & le Roy & la Republique
de Pologne: Dès aussitôt qu'une Nation tombe
dans un tel état d'anarchie, qu'elle ne sçait plus
se gouverner elle même, & que par consequent
elle est encore moins en état de satisfaire aux engagements contractés avec d'autres peuples, elle
se prive elle même des benifices que le droit des
gens assure par les moyens des traités aux Societés
policées & bien ordonnées. Tout contract & de
même tout traité entre deux nations suppose des
devoirs reciproques; seroit-il juste en effet de se
charger d'un coté des Contractans de la garantie
des possessions & des droits d'un état, lorsque l'autre partie bien loin de pouvoir satisfaire à des engagements reciproques, graces à son anarchie, se
trouve hors d'état de défender ses propres sujets?

Voyons à présent, si les principes, qu'on
prête aux trois Cours alliées, ont plus de réalité,
que les motifs, par les quels on veut les faire agir.

Leur prémier principe est, dit-il, qu'il suffit
pour justifier leur invasion, qu'elles se soint com-
muniqué entre elles leur prétentions respectives;
ne diroit-on pas que les propres termes des declarations

rations devoient annoncer ce principe comme
unique & fuffifant ? D'où a t-il pris une idée fi
depourvûe de bon fens, & avec quel front ofe-
t-il l'imputer à des Cours auffi refpectables? lorf-
que tout le monde a lu, & fçait, qu'on a expofé
dans les declarations de dites Cours, qu'après avoir
epuifé en vain tous les moyens imaginables pour
retablir l'ordre & la tranquillité en Pologne, voyant
la Republique reduite à une anarchie, dont les
fuites peuvent être d'une influence dangereufe
pour les puiffances voifines, & de la quelle on ne
peut actuellement ni demander ni fe promettre la
moindre juftice, Elles ont jugé à propos de fe
faire juftice elles mêmes fur les juftes prétentions,
qu'elles croyent avoir à la charge de la Republique.
En fubftituant par une malice artificieufe les confequences & les fuites aux principes, il pervertit
l'ordre des faits & le fens de dites declarations,
& il s'imagine de pouvoir faire illufion à un public
éclairé, au point de ne pas diftinguer les fuites d'un
réfultat qu'il a fallu prendre des principes qui
l'ont fait naitre. L'auteur de la Brochure avoûe
lui-même, que les nations n'ayant point de juge
peuvent fans doute fe faire juftice à elles-mêmes;
mais, dit-il, il eft inoui, qu'on fe la faffe avant
qu'elle ait été refufée. A qui vouloit-il donc
qu'on la demanda lorsque le gouvernement fe

C 3

trouve

trouve dans un tel defordre, qu' il n' exifte
plus de corps répréfentant de la Republique,
qui eût affez d'autorité pour donner de fatisfaction? Si la conformité du Droit de gens à
l' équité naturelle ne permet pas, que deux
parties depouillent un tiers fans l' avoir enten-
du & fans difcuter préalablement leurs droits avec
lui: cela fuppofe un tiers qui foit en état d' en-
tendre raifon & de difcuter le droit, & ne convient
qu'à des perfonnes qui vivent dans un certain ordre focial.

Quant au fecond principe, à fçavoir fi la
prefcription des droits exifte entre les Souverains,
& fi la poffeffion la plus longue peut fervir de titre,
il feroit hors de place de le difcuter ici; il fuffit,
que fon interprete, qui paroit animé du même
efprit, avoue qu'on peut pofer en fait, que cette
queftion fera toûjours problematique. A quoi dé-
voient donc fervir ces allegations de Grotius &
de Wolff, fi ce n' eft qu'à donner un faux air
d'autorité & de fens à des affertions illufoires &
à des declamations, qui d'ailleurs n'en ont pas?

Le troifième principe qu' il prête gratuitement
aux trois Cours alliées eft, que les Traités les plus
folemnels n' aboliffent pas les prétentions les plus
ancien-

anciennes. Ce principe annoncé tout crûement fans la moindre reftriction & préfenté fous un faux jour, paroît vrayement avoir quelque chofe de revoltant; il y a pourtant fans doute des cas, où la vérité en eft inconteftable. Un Prince, par exemple, parvient par le droit de fucceffion, ou d'heritage, ou bien par le droit de conquéte confirmé par une ceffion formelle, à la poffeffion d'un Etat, qui a de juftes prétentions à la charge d'un autre Etat, avec lequel le nouveau poffeffeur fe trouve par des engagements anterieurs en liaifon d'amitié, au point qu'ils fe font garantis reciproquement leurs poffeffions: feroit-il tenu de facrifier les prétentions les plus juftes & les mieux fondées, dont il a acquis tous les droits avec l'Etat auquel ils étoient attachés, à l'engagement anterieur, qui ne pouvoit pas s'étendre fur un objet, qui de ce temps-là lui étoit etranger? On ne fçaura difconvenir, qu'il y en peut avoir encore plufieurs autres cas, où ce principe fe concilie avec l'équité la plus fevere.

Dans des cas, où l'une des parties contractantes manquât à fatisfaire à fes engagements, ou qu'elle fe trouvât hors d'état de les remplir, quand méme elle le voudroit, ce qui d'une certaine façon feroit ceffer fon exiftence politique:

quelle

quelle ombre de raifon pourroit induire l'autre partie de fe croire engagée par des traités précedents
à fe facrifier en faveur d'un allié, qui refufe à fe
prêter aux raifons, que le circonftances du temps
rendent neceffaires, ou qui s'abandonne foi - même? Dans ces garanties générales de toutes les
poffeffions qui précedent à l'ordinaire les traités
qui fe font entre les Souverains, eft - ce qu'il ne
s'entend pas de foi-même, que c'eft *falvo ju-
re tertii*, & en donne - t - on jamais fans que l'engagement foit réciproque? Si ces Traités de garantie reciproque ont fubfifté depuis fi long temps,
qu'on le prétend, entre les Cours alliées, & la Republique de Pologne; fi en effet de pareils traités
engagent à quelque chofe, pourquoi la Pologne ne
prit-elle la moindre part à la dernière guerre qui
fubfifta entre ces mêmes puiffances, dont on reclame à préfent la garantie? Elle auroit dû au
moins fe declarer pour celle dont la caufe lui pa-
rut la plus jufte. Ne l'ayant pas fait il faudra na-
turellement avouer, que ce fut manque de bonne
volonté ou de pouvoir. Ne voit - on pas evidem-
ment, que dans l'un ou dans l'autre de ces cas,
elle infirme & anéantit les engagements qu'elle
pouvoit avoir contracté, & dont la reciprocité fait
fans contredit un point effentiel? Sur quoi peuvent donc porter ces citations affectées & quelques
paffages

passages de Grotius & de Justinien, supposé même,
qu'on puisse puiser dans des pareilles opinions des
raisons pour decider sur les causes des Souverains,
si non à demontrer la mauvaise foy de l'auteur
qui se túe à donner un air de verité à ses declamations illusiores, en retranchant & pervertissant
le sens des passages qu'il cite, par des applications
incongrúes & forcées. Il fait usage du même artifice grossier, en citant en faveur de sa cause quelques passages de l'Anti-Machiavel & des declarations précedentes des deux Imperatrices, quoiqu'il ne paroit pas être assez ignorant, pour ne
sçavoir qu'un même principe très-vrai dans un
certain cas, change de nature, lorsque le Changement de position & de conjoctures rend le cas
tout à fait different. Qu'il me soit permis de me
servir à ce sujet d'une comparaison très-commune,
mais dont la verité saute aux yeux: Si dans quelque
societé reglée deux ou plusieurs personnes se vou-
loient jetter sur un troisième pour le dépouiller
de ses armes & pour se saisir de sa personne, on
crieroit avec raison à l'injustice la plus évidente;
mais si ce même tiers est un furieux, qui sourd
aux exhortations de ses meilleurs amis, attaque tous
ceux qui se présentent pour s'opposer à ses excès,
s'il continue de menacer, le flambeau & les armes
à la main, de porter par tout l'incendie & les de-

D

sordres,

fordres: feroit-ce injuftice, fi ceux qui fe trouvent les plus proches de lui s'emparaffoient de fa
perfonne & employoient même la force, pour
mettre fin aux troubles dont la focieté fe trouve
infeftée? Il ne fera pas difficile à reconnoître la
verité & la jufte application de cet exemple.

Je paffe fous filence les farcafmes & les expref-
fions indecentes, que l'auteur fe permet dans fes
declamations vis à vis d'un Prince reconnu par
toute la terre pour le plus grand génie de l'Univers, quand même il n'en feroit pas un des Rois
les plus puiffants, & vis à vis de deux Imperatrices,
qui font de l'aveu de toutes les Nations les délices
& l'objet d'admiration de leur fiècle. Suppofé
même, qu'un jufte mépris le puiffe mettre à l'abri
des fuites facheufes & bien meritées, que lui pourroit attirer fon audace: ne devroit-il pas fe couvrir
de honte, d'avoir voulu abufer de fon obfcurité
jufqu'au point de choquer les idées généralement
recûes parmi toutes les nations policées, en man-
quant de refpect aux têtes les plus Auguftes, & les
plus dignes de la veneration, que le monde en-
tier leur porte?

Il nous refte encore à dire un mot fur les confequences allarmantes, que l'auteur s'attache à
préfen-

préfenter fur l'evènement en queftion, & à voir,
s'il y raifonne plus confequemment qu'il ne l'a
fait dans l'expofition des prétendus motifs & principes. Ces confequences, felon lui, ne menacent
pas moins que l'Europe entière & particulierement
les puiffances du fecond ordre. S'ils en croyoient
à fon avis, ils devoient fe confédérer de bonne
heure pour rompre la ligue des trois Cours alliées.
L'Efprit de confédération, qui fe fait connoitre
dans toute la Brochure, a produit fans doute un
confeil auffi fage. L'anarchie, les troubles & les
defordres de toute efpèce, fuites naturelles de ces
confédérations tumultueufes, n'ont pas encore
fait affez du mal au genre humain dans la vafte
etendúe de la Pologne; l'auteur femble défirer
qu'un pareil efprit de vertige s'emparât du refte
de l'Europe. Seroit-il affez mal inftruit, pour ignorer que ce qui arrive actuellement à la Pologne, ne
peut pas fi aifément avoir lieu à l'égard des peuples
qui forment un Corps de Nation & qui tiennent à
une patrie, au lieu qu'en cette malheureufe Republique le peuple, c'eft à dire, le plus grand nombre des habitans, ne fait qu'un Corps ifolé, qui ne
tient en rien à celui qui le domine & le maltraite,
en s'arrogeant le titre pompeux de repréfenter la
Patrie? Ne fçait-il pas par l'hiftoire des fiècles
paffés, que le Corps Germanique auquel il paroit

D 2   vifer

viſer par préference, quelque peſant & lent qu'il
ſoit à s'emouvoir, n'eſt pas moins ferme à s'oppoſer
aux tentatives de ceux qui voudroient le ſoumetre
au joug, en admettant même la ſuppoſition inju-
rieuſe, que quelque Puiſſance en pourroit jamais
former le deſſein?

Après cette courte Analyſe des motifs, des
principes & des pretendûes conſequences, que
l'auteur de la Brochure en queſtion a voulu imputer aux trois Puiſſances alliées; je me flatte, que
l'enchainement des cauſes & des effets relatifs à
cet evènement s'eſt préſenté dans tout un autre
jour qu'il a voulu le depeindre, & tel que la ſimple verité le doit expoſer. Qu'on me permette
d'y ajouter encore quelques reflexions ſur de cer-
tains points, qui me paroiſſent aſſez liés avec le
ſujet, dont il s'agit, pour trouver leur place ici.

Qu'on examine avec quelque attention ſerieuſe
la queſtion, ſi la ſaine politique & le juſte ſoin de
pourvoir à ſa propre ſureté n'impoſe pas aux Puiſſances voiſines d'une Republique tombée dans un en-
tier état d'anarchie la neceſſité d'en faire ceſſer les
deſordres? Il eſt bien certain, que ce n'étoient pas
les Partis Polonois, qui pouvoient cauſer des appre-
henſions à ces états; mais il n'eſt pas moins vrai,
que c'étoient des ſuites des demarches fougueuſes &

hazar-

hazardées de ces Partis, qu'ils pouvoient s'al-
larmer avec raison. N'est-ce pas par un effet
des reclamations & des demarches de la Confédération de Bar que la Guerre de la Porte Ottomanne
a été suscitée contre la Russie? Cette guerre-là
n'auroit elle pas pû devenir funeste aux Etats voisins de la Pologne & à toute la Chretienneté, si la
bravoure des trouppes de Russie n'avoit pas été
couronnée de ces succès, qui ont étonné toute
l'Europe? Depuis quand le Turc a-t-il paru en
ennemi si méprisable à l'Europe? est ce de depuis
qu'il n'ose plus se montrer devant les armes rus-
siennes? N'est-ce pas de tout temps qu'on a craint
son invasion du coté d'un pays ouvert depourvu
de toute barrière qui pouvoit lui opposer quelque
digue? Si cette guerre-là étoit survenue dans
une autre conjoncture des temps, où la Russie &
les autres Puissances voisines auroient pu être en-
gagées en d'autres guerres, quelle suite funeste
n'en auroit pu resulter pour celles même qui en
sont les plus éloignées? Si cet ennemi s'étoit une
fois emparé d'un pays rempli de desordres & de
confusion, en auroit-il pu être chassé si facilement
qu'on le pouvoit introduire? N'est-ce pas par la
même foiblesse des peuples qui l'appellerent à leurs
secours dans les siècles passés, qu'il s'est rendu le
maitre des belles Provinces qu'il possède en Europe?

D 3

Separément de ces justes allarmes qu' une guerre avec la Porte Ottomanne suscitée par les troubles actuels de la Pologne devoit donner aux Etats voisins, n' y avoit-il pas lieu de craindre, que cette incendie ne se communiquât aux frontieres dans des temps moins propres à l' eteindre qu' à présent? Ignore-t-on les maux & la confusion, que les Polonois portèrent jusqu' au centre de la Russie dans un temps, où la puissance de cet état étoit bien différente de celle d' à présent? L' auteur de la Brochure a donc aussi mauvaise grace à réléver les sentiments pacifiques des Confédérés, en leur faisant une vertu de la necessité, qu' à s' égayer sur une matière aussi serieuse, en traitant de frivoles les craintes, que les suites des troubles de la Pologne auroient pu faire naitre à leurs voisins. Etant demontré par ce qu' on vient des dire, que les Puissances voisines suivant les principes de toute saine politique ne pouvoient pas être indifférentes à la continuation des desordres de la Pologne:

Considerons encore s' il y avoit quelque ombre de possiblité à faire radicalement cesser ces desordres, sans porter quelque changement à la forme monstrueuse de ce Gouvernement, & si pour parvenir à ce but on pouroit se servir d' autres moyens que de celui de la force. Tout homme, tant soit

peu

peu inſtruit dans les affaire politiques de la Pologne, conviendra ſans peine, qu' ils s' y ſont gliſſés
dépuis plus d'un ſiècle des abus qui entrainèrent
ce gouvernement-là à grand pas au précipice de
l'anarchie, où il eſt tombé de nos jours. Le Roy
étoit preſque depouillé de toute l'autorité qui con-
venoit au Chef de la Republique, par l' effet d'une
jalouſie outrée de leur prétendue liberté & par des
uſurpations continuelles qu'on fit ſur ſes prérogatives. On ne lui laiſſa que le pouvoir d'enrichir
des Grands & de faire des ingrats redoutables par
ſes propres bienfaits. Les différents ordres & membres de l' Etat empietèrent les uns ſur les droits
des autres ſuivant que les conjonctures leur étoient
favorables, & opprimèrent tous ceux qui n'avoient
pas aſſez de force pour leur faire reſiſtance. Aucune Diéte ne parvenoit à ſa conſiſtance. L'election
du Roy d'apréſent ſe fit pourtant avec plus de tran-
quilité qu'il n' y en avoit eu dépuis long-temps
d'exemple. Des deſordres d'un nouveau genre
y ſuccedèrent bientôt. La Ruſſie ayant été appellée au ſecours de la façon la plus formelle croyoit
de toucher au moment heureux de finir la deſunion
& les troubles par les réſultats de la Nation aſſem-
blée en corps dans la dernière Diéte; mais les
factieux, bien loin de reſpecter ce que la forme de
leur gouvernement méme a eu de tout temps de

plus

plus facré, en prirent occafion de repandre le feu d'une guerre civile dans toutes les Provinces. Le nombre de Confédérations de toute espèce se multiplia de jour en jour. Ces Confédérations fuscitèrent la guerre de la Porte Ottomanne contre la Ruffie; des mains facrilèges attentèrent à la vie de leur Roy, & le defordre général fut porté à tel comble, qu'à la fin les trois Puiffances alliées se trouvèrent également intereffées de faire caufe commune & d'employer des moyens efficaces pour le faire ceffer. Quels autres moyens reflat-il d'y employer que la force, après que la tentative de la Ruffie, d'y parvenir par des expédients plus doux & conformes au fyfteme du Gouvernement établi, avoit fi ouvertement manqué fon but? Dans le cas d'une incendie, où le maitre d'une maifon attenante manque de pouvoir ou de volonté, pour refifter à la communication des flammes, fon voifin eft-il en droit ou non, de pourvoir à fa propre fûrété, en demoliffant même, fi cela ne fe peut faire autrement, la maifon du voifin dont le danger le menace? Si de pareils exemples doivent être admis dans la vie fociale même, lorsque des cas extraordinaires en impofent la neceffité, à plus forte raifon des moyens extrêmes peuvent & doivent avoir quelque fois lieu, lorsqu'il s'agit des interéts des Nations. S'il eft donc évident, que la

fûrété

furété de leurs propres Etats engagea les Puiſſances voiſines de faire ceſſer les troubles de la Pologne, s'il eſt vrai, que cela étoit devenu impoſſible ſans employer des forces ſuffiſantes, & ſi ces efforts d'un remède extrème ne pouvoint ſe faire, ſans cauſer des fraix proportionés à l'entrepriſe: étoit-il juſte, étoit-il même probable à ſuppoſer, que ces Puiſſances avoient voulu s'en charger, ſans ſonger à quelque dédommagement & qu'au moins ils ne ſongeaſſent pas à faire valoir leurs droits, & à ſe rendre juſtice Elles-mêmes, par rapport aux prétenſions qu'elles pouvoient avoir à la charge de la Republique? Quant à la validité de ces droits, ils n'eſt pas de mon reſſort, de m'étendre là deſſus; les Cours reſpectives auront ſoin de les mettre devant les yeux du Public. Mais avec quelle impudence un auteur obſcur oſe-t-il accuſer ces prétenſions des Souverains d'être deſtituées de ſolidité, avant même que d'en avoir vû la deduction? N'auroit-il pas dû au moins ſuspendre un jugement auſſi téméraire, & ſe ſouvenir que les cauſes des nations ne ſont pas faites, pour être jugées par le ſentiment d'un ſimple particulier? Suppoſé même, qu'une partie de ces prétenſions ſoient problématique, à qui ces Puiſſances-là doivent-elles s'adreſſer, pour diſcuter leurs droits, & obtenir ſatisfaction dans l'anar-

E

chie

chie préfente de la Republique ? Fallut-il attendre jusqu'à ce que l'Etat fut déchiré & démem-
bré peut-être par le prémier affaillant, qui fe feroit fervi de fes forces dans des conjonctures favorables, telles qu'ils en peuvent naître à tout
moment, pour fe mettre en poffeffion des Provinces qui feroient été de fa convenance ? Etoit-il
conforme à la faine raifon de différer plus long-
temps à fe faire juftice à Elles-mème, dans un
cas, où l'on n'en pouvoit obtenir que par ce
moyen-là ? Eft-ce donc que la propriété de
ces poffeffions appartenoit de toute l'éternité
à la Republique de Pologne, & fi dans les fiècles reculés leurs ancêtres ont trouvé des épo-
ques favorables pour s'en emparer, eft-il étonnant qu'il s'en trouvent d'autres, dans nôtre temps
également favorable aux légitimes propriétaires,
qui leur conteftent la légitimité de leurs titres ?

Sans nous arrêter plus long temps fur la dif-
cuffion des droits qui ne font pas faits pour être de
la competance de notre jugement, jettons un coup
d'oeil en général fur'ce démembrement actuel de
quelques Provinces de Pologne & confiderons,
fi cette révolution fait effentiellement tort à qui
que ce foit, excepté á ce petit nombre de perfonnes qui de l'aveu de toute l'Europe ont été les
auteurs

auteurs des malheurs de leur pays. Le Roy &
la Republique de Pologne, me dira-t-on, devien-
dront à l'avenir moins puiffants par ce démembrement. Mais peuvent-ils jamais tomber au deffous
de cet état de foibleffe & d'anéantiffement, auquel
l'anarchie préfente les avoit fait defcendre? N'y a-
t-il pas plutôt lieu à croire que cet Etat parviendra
à acquerir une vraïe confiftance & une puiffance
proportionée à fon étendûe, dès auffitôt qu'il
fera parvenu, par une reforme utile & neceffaire,
à fe donner une forme de gouvernement plus con-
venable à fa pofition actuelle? Si cette nouvelle
forme de gouvernement donne au Chef de la Republique affez de pouvoir pour protéger fes peuples, & pour maintenir fa dignité Royale & fes légitimes prérogatives contre les attentats des factieux, fans pouvoir franchir les limites que la pru-
dence doit oppofer à toute ambition demefurée,
qui s'efforceroit de devenir l'oppreffeur de fa nation au lieu d'en être le Protecteur; Si après le bon
ordre & la tranquillité retablie, un Roy fage &
bien intentioné jouit de la douce fatisfaction de
pouvoir efficacement employer fes foins pour le
bien-être de fa nation, fans y rencontrer des en-
traves & des oppofitions éternelles, & fi cette
vraïe profpérité de fes peuples peut s'effectuer,
fans bleffer les interêts de toute autre nation, &

E 2

fans

fans donner de l'ombrage à qui que ce foit; ce Prince-là feroit-il moins puiffant & moins heureux, quand même il devoit ceder quelque partie de fes domaines aux juftes prétenfions des autres Puiffances? Si la vraie liberté n'eft autre chofe, que le pouvoir d'un chacun de chercher fon bien-être, fans préjudice de celui d'un autre, fi elle ne confifte nullement dans la licence de faire ce qu'on veut, fans avoir égard à ce qu'on doit à la fociété; s'il eft vrai, comme perfonne ne voudra le contefter, que la liberté, prife dans le vrai fens, eft la bafe du bonheur focial: eft-ce que la Pologne fera jamais été plus libre & plus heureufe, que lorf-qu'elle pourra moyennant une nouvelle conftitu-tion affermir fa confiftance, en mettant le bonheur de toute la nation & de chaque individu fous la fauvegarde de l'autorité de bonnes Loix refpec-tées & exactement obfervées? En s'affranchiffant du joug d'une Ariftocratie oppreffive, qui a fait naître tant de troubles & de défolations, eft-ce qu'on feroit affez aveuglé, pour ne pas s'apperce-voir de la perfpective riante que leur promet le bonheur, de faire jouir en paix chaque concitoyen de fa propriété & de ce que fon induftrie & fes ta-lents pourront acquerir fans faire tort aux autres? Eft-ce, que ces petits Tyrans mêmes, qui ont caufé toutes ces convulfions douleureufes de l'Etat,

en

en prenant de l'afcendant fur la multitude & en fe
fervant du beau nom de la liberté pour l'enchaî-
ner; ces prétendus dépofitaires & repréfentants de
l'autorité de la fociété, qui s'efforcèrent d'éterni-
fer l'ufurpation d'un pouvoir injufte pour fatisfaire
à leurs vuës d'interêt & d'ambition; ne feront-ils
pas plus heureux en effet, en jouiffant d'un état
fixe & affuré quoique plus modique & plus conve-
nable à la condition du membre d'une fociété libre, qu'en s'expofant plus long-temps aux risques
d'être écrafés par la deftruction entière de l'édi-
fice dont ils fappent eux mêmes depuis tant d'an-
nées les fondements, & s'ils font affez fougueux
pour ne pas reconnoître ces vérités-là, méritent-
ils qu'une nation entière leur facrifie fon falut?
Enfin cette multitude qui a gémi fi long-temps
fous le joug du plus dur efclavage, ces millions
d'innocentes victimes de la furie d'un petit nombre d'ambitieux, qui ont fervi depuis tant d'an-
nées de jouet à leurs caprices, ne pourront-ils
pas s'attendre à quelque adouciffement de leur état
actuel, & à un fort plus heureux, par la reforme
des Conftitutions d'une fociété dont ils n'ont été
jufqu'ici que la partie fouffrante? Si ceux qui fe-
ront en droit de concourir à cet important ouvra-
ge, fongent au vrai bien de leur Patrie, ne tache-
ront-ils pas de concert avec ces Puiffances voifi-

E 3

nes,

nes, sans le concours desquelles ils voyent bien qu'ils se trouvent dans l'impossibilité de parvenir à quelque chose de stable & de solide, à procurer à tout ce corps nombreux de cultivateurs, qu'on n'a presque compté pour rien jusqu'ici, cette sûrété, cet affranchissement de vexations & cette propriété des fruits de son travail, qui seul sont propres à reveiller son industrie?

Reste encore à voir, si les sujets & habitans des Provinces démembrées n'ont pas lieu à s'attendre à un sort infinement plus heureux, que n'étoit celui, dont ils jouissoient pendant le temps de leur sujettion à la Republique. Protégés par des forces suffisantes d'un gouvernement bien ordonné ils sont à l'abri de toutes craintes, tant à l'égarddes insultes étrangeres que des vexations domestiques. Rassurés sur la propriété de leurs biens par la sauve garde des Loix dont leurs puissants Souverains maintiennent l'autorité, ils jouissent en effet de la vraie liberté dont les autres poursuivent l'ombre sans pouvoir jamais l'atteindre. S'il y a en effet quelques individus qui en souffrent, parcequ'ils perdent les fruits de certaines usurpations, qui s'étoient introduites dans les temps des troubles & des desordres, leur nombre est trop petit, & leur droit trop équivoque pour fournir matière à de justes plaintes.

Si

Si donc les effets de la révolution du préfent démembrement de quelques Provinces de la
Pologne peuvent réellement tourner au vrai bien
de tous ceux qui y doivent prendre quelque interêt; S'il n'y a même aucune raifon appa-
rente pour douter, que ces heureux effets ne puf-
fent pas avoir lieu, pourvûqu'une oppofition
auffi infenfée qu'impuiffante de la part de ceux
qui cherchent a perpetuer les troubles, ne faffe
pas naître de nouveaux obftacles & n'attire pas
une deftruction entière fur l'Etat, en éternifant
fes defordres; S'il eft aifé à démontrer, que la
Pologne peut être très floriffante & tous fes habi-
tants très heureux fans s'ériger en Puiffance for-
midable, & qu'en cette pofition fon bien-être fe
combine parfaitement avec les interêts de tous fes
voifins; S'il n'eft pas moins évident par tout ce
qui a été expofé dans cette Analyfe, qu'une con-
fequence naturelle & inévitable des defordres précédents a dû amener la revolution d'à préfent: le
public ne tardera pas de reduire à leur vrai prix les
déclamations de l'auteur obfcur de la Brochure en
queftion, qui en plaidant la caufe des incendiaires
de leur Patrie, s'oublie au point d'infulter à la
Gloire brillante & trop bien affermie des plus
grands Souverains.

C'eft

C'est à vous, Peuples nombreux & malheureux
des contrées dévastées par les fureurs de vos propres concitoyens, à reflechir mûrement fur des matières, qui intereffent de fi près votre bien-être &
celui de votre poftérité. Ceffez à vous livrer plus
long-temps aux accès d'un enthoufiafme dangereux,
à des perfuafions infidieufes & à des chimères dont
vous n'avez que trop reffenti la perfidie & le néant.
Confultez vos forces & votre fituation, avant que
de vous abandonner aux mouvements impétueux
d'une réfiftance obftinée & infructueufe, & gardez-
vous bien de vous devouer en facrifice aux vûes
intereffées de quelques brouillons dans le temps, que
vous ne croyez que de défendre de droits légitimes.
Jugez des maux dont la continuation de vos
troubles vous menace par le poids de ceux qui vous
accablent. Ne tardez pas à embraffer les feuls
moyens qui fe préfentent pour vous fauver du précipice. C'eft-là le confeil qu'un ami de l'humanité ofe vous offrir; c'eft à votre fageffe à décider
s'il convient ou non à vos vrais intérêts.